KB219470

사랑을 담아

_____ 에게 드립니다.

태교 중에 주님을 만나다

주의 종들의 자손은
항상 안전히 거주하고
그의 후손은
주 앞에 굳게 서리이다 하였도다

시편 102편 28절

손자는 노인의 면류관이요
아비는 자식의 영화니라

잠언 17장 6절

여호와가 너를 항상 인도하여
메마른 곳에서도
네 영혼을 만족하게 하며
네 뼈를 견고하게 하리니
너는 물 댄 동산 같겠고
물이 끊어지지 아니하는
샘 같을 것이라

이사야 58장 11절

너희는 먹되 풍족히 먹고
너희에게 놀라운 일을 행하신
너희 하나님 여호와의 이름을
찬송할 것이라
내 백성이 영원히 수치를 당하지
아니하리로다

요엘 2장 26절

하나님이 능히 모든 은혜를
너희에게 넘치게 하시나니
이는 너희로 모든 일에
항상 모든 것이 넉넉하여
모든 착한 일을
넘치게 하게 하려 하심이라

고린도후서 9장 8절

능히 모든 성도와 함께
지식에 넘치는 그리스도의 사랑을 알고
그 너비와 길이와 높이와 깊이가
어떠함을 깨달아
하나님의 모든 충만하신 것으로
너희에게 충만하게 하시기를
구하노라

에베소서 3장 18-19절

사랑하는 자여
악한 것을 본받지 말고
선한 것을 본받으라
선을 행하는 자는 하나님께 속하고
악을 행하는 자는
하나님을 뵈옵지 못하였느니라

요한삼서 1장 11절

너의 하나님 여호와가
너의 가운데에 계시니
그는 구원을 베푸실 전능자이시라
그가 너로 말미암아
기쁨을 이기지 못하시며
너를 잠잠히 사랑하시며
너로 말미암아 즐거이 부르며
기뻐하시리라 하리라

스바냐 3장 17절

의인의 아비는 크게 즐거울 것이요
지혜로운 자식을 낳은 자는
그로 말미암아 즐거울 것이니라

잠언 23장 24절

하나님은 우리에게 은혜를 베푸사
복을 주시고
그의 얼굴 빛을 우리에게 비추사
주의 도를 땅 위에, 주의 구원을
모든 나라에게 알리소서

시편 67편 1-2절

너는 알라
오직 네 하나님 여호와는
하나님이시요 신실하신 하나님이시라
그를 사랑하고
그의 계명을 지키는 자에게는
천 대까지 그의 언약을 이행하시며
인애를 베푸시되

신명기 7장 9절

내가 너를 모태에 짓기 전에 너를 알았고
네가 배에서 나오기 전에 너를 성별하였고
너를 여러 나라의 선지자로 세웠노라

예레미야 1장 5절

여호와께서 너의 출입을
지금부터 영원까지 지키시리로다

시편 121편 8절

내 아들아
나의 법을 잊어버리지 말고
네 마음으로 나의 명령을 지키라
그리하면 그것이 네가 장수하여
많은 해를 누리게 하며
평강을 더하게 하리라

잠언 3장 1-2절

평안을 너희에게 끼치노니
곧 나의 평안을 너희에게 주노라
내가 너희에게 주는 것은
세상이 주는 것과 같지 아니하니라
너희는 마음에 근심하지도 말고
두려워하지도 말라

요한복음 14장 27절

너는 하나님과 화목하고 평안하라
그리하면 복이 네게 임하리라

욥기 22장 21절

위의 것을 생각하고
땅의 것을 생각하지 말라

골로새서 3장 2절

복 있는 사람은
악인들의 꾀를 따르지 아니하며
죄인들의 길에 서지 아니하며
오만한 자들의 자리에 앉지 아니하고
오직 여호와의 율법을 즐거워하여
그의 율법을 주야로 묵상하는도다

시편 1편 1-2절

그는 물가에 심어진 나무가
그 뿌리를 강변에 뻗치고
더위가 올지라도 두려워하지 아니하며
그 잎이 청청하며
가무는 해에도 걱정이 없고
결실이 그치지 아니함 같으리라

예레미야 17장 8절

네 길을 여호와께 맡기라
그를 의지하면 그가 이루시고
네 의를 빛같이 나타내시며
네 공의를 정오의 빛같이 하시리로다

시편 37편 5-6절

여호와의 말씀이니라
너희를 향한 나의 생각을 내가 아나니
평안이요 재앙이 아니니라
너희에게 미래와 희망을 주는 것이니라

예레미야 29장 11절

주는 미쁘사 너희를 굳건하게 하시고
악한 자에게서 지키시리라

데살로니가후서 3장 3절

너희는 이 세대를 본받지 말고
오직 마음을 새롭게 함으로 변화를 받아
하나님의 선하시고 기뻐하시고
온전하신 뜻이 무엇인지 분별하도록 하라

로마서 12장 2절

여호와의 인자하심과
인생에게 행하신 기적으로 말미암아
그를 찬송할지로다
그가 사모하는 영혼에게 만족을 주시며
주린 영혼에게 좋은 것으로
채워 주심이로다

시편 107편 8-9절

하나님이여
주의 판단력을 왕에게 주시고
주의 공의를 왕의 아들에게 주소서

시편 72편 1절

내 아들아 내 말을 지키며
내 계명을 간직하라
내 계명을 지켜 살며
내 법을 네 눈동자처럼 지키라

잠언 7장 1-2절

너희가 그리스도 예수를 주로 받았으니
그 안에서 행하되
그 안에 뿌리를 박으며 세움을 받아
교훈을 받은 대로 믿음에 굳게 서서
감사함을 넘치게 하라

골로새서 2장 6-7절

여호와의 인자하심은
자기를 경외하는 자에게
영원부터 영원까지 이르며
그의 의는 자손의 자손에게 이르리니
곧 그의 언약을 지키고
그의 법도를 기억하여 행하는 자에게로다

시편 103편 17-18절

무엇을 하든지 말에나 일에나
다 주 예수의 이름으로 하고
그를 힘입어
하나님 아버지께 감사하라

골로새서 3장 17절

너는 마음을 다하고
뜻을 다하고
힘을 다하여
네 하나님 여호와를 사랑하라

신명기 6장 5절

여호와는 네게 복을 주시고
너를 지키시기를 원하며
여호와는 그의 얼굴을 네게 비추사
은혜 베푸시기를 원하며
여호와는 그 얼굴을 네게로 향하여 드사
평강 주시기를 원하노라 할지니라 하라

민수기 6장 24-26절

젊은 자의 자식은
장사의 수중의 화살 같으니
이것이 그의 화살통에 가득한 자는
복되도다
그들이 성문에서
그들의 원수와 담판할 때에
수치를 당하지 아니하리로다

시편 127편 4-5절

무슨 일을 하든지
마음을 다하여 주께 하듯 하고
사람에게 하듯 하지 말라

골로새서 3장 23절

여호와께서 자기 백성에게 힘을 주심이여
여호와께서 자기 백성에게
평강의 복을 주시리로다

시편 29편 11절

산들이 떠나며 언덕들은 옮겨질지라도
나의 자비는 네게서 떠나지 아니하며
나의 화평의 언약은 흔들리지 아니하리라
너를 긍휼히 여기시는
여호와께서 말씀하셨느니라

이사야 54장 10절

할렐루야,
여호와를 경외하며
그의 계명을 크게 즐거워하는 자는
복이 있도다
그의 후손이 땅에서 강성함이여
정직한 자들의 후손에게 복이 있으리로다

시편 112편 1-2절

네가 네 하나님 여호와의 말씀을 청종하면
이 모든 복이 네게 임하며 네게 이르리니
성읍에서도 복을 받고
들에서도 복을 받을 것이며
네 몸의 자녀와 네 토지의 소산과
네 짐승의 새끼와 소와 양의 새끼가
복을 받을 것이며
네 광주리와 떡 반죽 그릇이
복을 받을 것이며
네가 들어와도 복을 받고
나가도 복을 받을 것이니라

신명기 28장 2-6절

보라
자식들은 여호와의 기업이요
태의 열매는 그의 상급이로다

시편 127편 3절

네 자식을 징계하라
그리하면 그가 너를 평안하게 하겠고
또 네 마음에 기쁨을 주리라

잠언 29장 17절

오늘 내가 네게 명령하는
여호와의 규례와 명령을 지키라
너와 네 후손이 복을 받아
네 하나님 여호와께서 네게 주시는 땅에서
한없이 오래 살리라

신명기 4장 40절

마땅히 행할 길을 아이에게 가르치라
그리하면
늙어도 그것을 떠나지 아니하리라

잠언 22장 6절

네 모든 자녀는
여호와의 교훈을 받을 것이니
네 자녀에게는 큰 평안이 있을 것이며

이사야 54장 13절

그들의 자손을 뭇 나라 가운데에,
그들의 후손을 만민 가운데에 알리리니
무릇 이를 보는 자가
그들은 여호와께 복 받은 자손이라
인정하리라

이사야 61장 9절

주의 증거들은 영원히 의로우시니
나로 하여금 깨닫게 하사 살게 하소서

시편 119편 144절

내가 주께 감사하옴은
나를 지으심이 심히 기묘하심이라
주께서 하시는 일이 기이함을
내 영혼이 잘 아나이다

시편 139편 14절

여호와를 경외하는 것은
생명의 샘이니
사망의 그물에서 벗어나게 하느니라

잠언 14장 27절

여호와를 경외함이 지혜의 근본이라
그의 계명을 지키는 자는
다 훌륭한 지각을 가진 자이니
여호와를 찬양함이 영원히 계속되리로다

시편 111편 10절

이방 나라들이 네 공의를,
뭇 왕이 다 네 영광을 볼 것이요
너는 여호와의 입으로 정하실
새 이름으로 일컬음이 될 것이며

이사야 62장 2절

찬송하리로다
하나님 곧 우리 주 예수 그리스도의
아버지께서 그리스도 안에서 하늘에 속한
모든 신령한 복을 우리에게 주시되

에베소서 1장 3절

공의와 인자를 따라 구하는 자는
생명과 공의와 영광을 얻느니라

잠언 21장 21절

이 율법책을 네 입에서 떠나지 말게 하며
주야로 그것을 묵상하여
그 안에 기록된 대로 다 지켜 행하라
그리하면 네 길이 평탄하게 될 것이며
네가 형통하리라

여호수아 1장 8절

소망의 하나님이 모든 기쁨과 평강을
믿음 안에서 너희에게 충만하게 하사
성령의 능력으로
소망이 넘치게 하시기를 원하노라

로마서 15장 13절

여호와의 증거들을 지키고
전심으로 여호와를 구하는 자는
복이 있도다

시편 119편 2절

예수께서 이르시되 나는 생명의 떡이니
내게 오는 자는
결코 주리지 아니할 터이요
나를 믿는 자는
영원히 목마르지 아니하리라

요한복음 6장 35절

겸손과 여호와를 경외함의 보상은
재물과 영광과 생명이니라

잠언 22장 4절

그는 목자같이 양 떼를 먹이시며
어린양을 그 팔로 모아 품에 안으시며
젖먹이는 암컷들을 온순히 인도하시리로다

이사야 40장 11절

하나님께 가까이 함이 내게 복이라
내가 주 여호와를 나의 피난처로 삼아
주의 모든 행적을 전파하리이다

시편 73편 28절

나의 사랑하는 자는
내 품 가운데 몰약 향주머니요
나의 사랑하는 자는
내게 엔게디 포도원의
고벨화 송이로구나

아가 1장 13-14절

너는 또 여호와의 손의 아름다운 관,
네 하나님의 손의 왕관이 될 것이라

이사야 62장 3절

너희도 산 돌같이 신령한 집으로 세워지고
예수 그리스도로 말미암아
하나님이 기쁘게 받으실
신령한 제사를 드릴
거룩한 제사장이 될지니라

베드로전서 2장 5절

주께서 택하시고 가까이 오게 하사
주의 뜰에 살게 하신 사람은
복이 있나이다
우리가 주의 집 곧 주의 성전의
아름다움으로 만족하리이다

시편 65편 4절

항상 기뻐하라
쉬지 말고 기도하라
범사에 감사하라
이것이 그리스도 예수 안에서
너희를 향하신 하나님의 뜻이니라

데살로니가전서 5장 16-18절

하나님이 우리를 사랑하시는 사랑을
우리가 알고 믿었노니
하나님은 사랑이시라
사랑 안에 거하는 자는
하나님 안에 거하고
하나님도 그의 안에 거하시느니라

요한일서 4장 16절

여호와여 주께서 우리를 위하여
평강을 베푸시오리니
주께서 우리의 모든 일도
우리를 위하여 이루심이니이다

이사야 26장 12절

하나님이 모든 것을 지으시되
때를 따라 아름답게 하셨고
또 사람들에게는 영원을 사모하는
마음을 주셨느니라
그러나 하나님이 하시는 일의 시종을
사람으로 측량할 수 없게 하셨도다

전도서 3장 11절

아비들아 너희 자녀를 노엽게 하지 말고
오직 주의 교훈과 훈계로 양육하라

에베소서 6장 4절

여호와를 경외하는 것은
사람으로 생명에 이르게 하는 것이라
경외하는 자는 족하게 지내고
재앙을 당하지 아니하느니라

잠언 19장 23절

오늘 내가 네게 명하는 이 말씀을
너는 마음에 새기고
네 자녀에게 부지런히 가르치며
집에 앉았을 때에든지 길을 갈 때에든지
누워 있을 때에든지 일어날 때에든지
이 말씀을 강론할 것이며
너는 또 그것을 네 손목에 매어
기호를 삼으며 네 미간에 붙여 표로 삼고
또 네 집 문설주와 바깥 문에 기록할지니라

신명기 6장 6-9절

내가 어려서부터 늙기까지
의인이 버림을 당하거나
그의 자손이 걸식함을 보지 못하였도다
그는 종일토록 은혜를 베풀고 꾸어 주니
그의 자손이 복을 받는도다

시편 37편 25-26절

자녀들아 너희 자신을 지켜
우상에게서 멀리하라

요한일서 5장 21절

보라
내가 오늘 생명과 복과 사망과 화를
네 앞에 두었나니
곧 내가 오늘 네게 명령하여
네 하나님 여호와를 사랑하고
그 모든 길로 행하며 그의 명령과
규례와 법도를 지키라 하는 것이라
그리하면 네가 생존하며 번성할 것이요
또 네 하나님 여호와께서
네가 가서 차지할 땅에서
네게 복을 주실 것임이니라

신명기 30장 15-16절

그는 시냇가에 심은 나무가
철을 따라 열매를 맺으며
그 잎사귀가 마르지 아니함 같으니
그가 하는 모든 일이 다 형통하리로다

시편 1편 3절

온전한 사람을 살피고
정직한 자를 볼지어다
모든 화평한 자의 미래는 평안이로다

시편 37편 37절

내 아들 솔로몬아
너는 네 아버지의 하나님을 알고
온전한 마음과 기쁜 뜻으로 섬길지어다
여호와께서는 모든 마음을 감찰하사
모든 의도를 아시나니
네가 만일 그를 찾으면 만날 것이요
만일 네가 그를 버리면
그가 너를 영원히 버리시리라

역대상 28장 9절

여호와를 경외하는 것이
지식의 근본이거늘
미련한 자는 지혜와 훈계를 멸시하느니라
내 아들아 네 아비의 훈계를 들으며
네 어미의 법을 떠나지 말라
이는 네 머리의 아름다운 관이요
네 목의 금 사슬이니라

잠언 1장 7-9절

모든 성경은 하나님의 감동으로 된 것으로
교훈과 책망과 바르게 함과
의로 교육하기에 유익하니
이는 하나님의 사람으로 온전하게 하며
모든 선한 일을 행할 능력을
갖추게 하려 함이라

디모데후서 3장 16-17절

지혜 있는 자는
궁창의 빛과 같이 빛날 것이요
많은 사람을 옳은 데로 돌아오게 한 자는
별과 같이 영원토록 빛나리라

다니엘 12장 3절

자기의 마음을 제어하지 아니하는 자는
성읍이 무너지고
성벽이 없는 것과 같으니라

잠언 25장 28절

주께서 내 마음에 두신 기쁨은
그들의 곡식과 새 포도주가
풍성할 때보다 더하니이다

시편 4편 7절

지혜는 그 얻은 자에게 생명 나무라
지혜를 가진 자는 복되도다

잠언 3장 18절

너는 배우고 확신한 일에 거하라
너는 네가 누구에게서 배운 것을 알며
또 어려서부터 성경을 알았나니
성경은 능히 너로 하여금
그리스도 예수 안에 있는
믿음으로 말미암아
구원에 이르는 지혜가 있게 하느니라

디모데후서 3장 14-15절

너희 중에 누구든지 지혜가 부족하거든
모든 사람에게 후히 주시고
꾸짖지 아니하시는 하나님께 구하라
그리하면 주시리라

야고보서 1장 5절

여호와께서 너를 지켜
모든 환난을 면하게 하시며
또 네 영혼을 지키시리로다

시편 121편 7절

내 아들아 들으라 내 말을 받으라
그리하면 네 생명의 해가 길리라
내가 지혜로운 길을 네게 가르쳤으며
정직한 길로 너를 인도하였은즉
다닐 때에 네 걸음이 곤고하지 아니하겠고
달려갈 때에 실족하지 아니하리라

잠언 4장 10-12절

온유한 자는 복이 있나니
그들이 땅을 기업으로 받을 것임이요

마태복음 5장 5절

너희가 자기를 위하여 공의를 심고
인애를 거두라
너희 묵은 땅을 기경하라
지금이 곧 여호와를 찾을 때니
마침내 여호와께서 오사
공의를 비처럼 너희에게 내리시리라

호세아 10장 12절

너희가 이 모든 법도를 듣고 지켜 행하면
네 하나님 여호와께서
네 조상들에게 맹세하신 언약을 지켜
네게 인애를 베푸실 것이라

신명기 7장 12절

내 아들아 내 지혜에 주의하며
내 명철에 네 귀를 기울여서
근신을 지키며
네 입술로 지식을 지키도록 하라

잠언 5장 1-2절

여호와께서 그 조화의 시작
곧 태초에 일하시기 전에 나를 가지셨으며
만세 전부터, 태초부터,
땅이 생기기 전부터 내가 세움을 받았나니

잠언 8장 22-23절

여호와가 이같이 말하노라
용사의 포로도 빼앗을 것이요
두려운 자의 빼앗은 것도 건져낼 것이니
이는 내가 너를 대적하는 자를 대적하고
네 자녀를 내가 구원할 것임이라

이사야 49장 25절

구부러진 말을 네 입에서 버리며
비뚤어진 말을 네 입술에서 멀리하라
네 눈은 바로 보며
네 눈꺼풀은 네 앞을 곧게 살펴
네 발이 행할 길을 평탄하게 하며
네 모든 길을 든든히 하라

잠언 4장 24-26절

네 하나님 여호와는
자비하신 하나님이심이라
그가 너를 버리지 아니하시며
너를 멸하지 아니하시며
네 조상들에게 맹세하신 언약을
잊지 아니하시리라

신명기 4장 31절

자기의 마음을 믿는 자는 미련한 자요
지혜롭게 행하는 자는 구원을 얻을 자니라

잠언 28장 26절

오직 너는 스스로 삼가며
네 마음을 힘써 지키라
그리하여 네가 눈으로 본 그 일을
잊어버리지 말라
네가 생존하는 날 동안에
그 일들이 네 마음에서 떠나지 않도록
조심하라 너는 그 일들을
네 아들들과 네 손자들에게 알게 하라

신명기 4장 9절

네가 이 세대에서 부한 자들을 명하여

마음을 높이지 말고

정함이 없는 재물에 소망을 두지 말고

오직 우리에게 모든 것을 후히 주사

누리게 하시는 하나님께 두며

선을 행하고 선한 사업을 많이 하고

나누어 주기를 좋아하며

너그러운 자가 되게 하라

이것이 장래에 자기를 위하여

좋은 터를 쌓아

참된 생명을 취하는 것이니라

디모데전서 6장 17-19절

오직 주께서
나를 모태에서 나오게 하시고
내 어머니의 젖을 먹을 때에
의지하게 하셨나이다
내가 날 때부터 주께 맡긴 바 되었고
모태에서 나올 때부터
주는 나의 하나님이 되셨나이다

시편 22편 9-10절

충성된 사자는
그를 보낸 이에게
마치 추수하는 날에 얼음 냉수 같아서
능히 그 주인의 마음을 시원하게 하느니라

잠언 25장 13절

여호와를 의지하는 자는
시온 산이 흔들리지 아니하고
영원히 있음 같도다

시편 125편 1절

이는 곧 너희의 하나님 여호와께서
너희에게 가르치라고 명하신
명령과 규례와 법도라
너희가 건너가서 차지할 땅에서
행할 것이니
곧 너와 네 아들과 네 손자들이 평생에
네 하나님 여호와를 경외하며
내가 너희에게 명한 그 모든 규례와
명령을 지키게 하기 위한 것이며
또 네 날을 장구하게 하기 위한 것이라

신명기 6장 1-2절

태교 중에 주님을 만나다

초판 1쇄 발행 2014년 1월 10일

펴낸이 고영은 박미숙
펴낸곳 뜨인돌출판(주) | 출판등록 1994.10.11(제2011-000185호)
주소 121-896 서울시 마포구 성미산로 6길 45 | 대표전화 02-337-5252 | 팩스 02-337-5868
ISBN 978-89-5807-495-3 00230 | CIP제어번호 : CIP2013027963